Impressum
Verlag: BABADADA GmbH, Nedderfeld 112 , 22529 Hamburg
Geschäftsführer / Verlagsleitung: Harald Hof
Druck: Books on Demand GmbH, In de Tarpen 42, 22848 Norderstedt

Imprint
Publisher: BABADADA GmbH, Nedderfeld 112 , 22529 Hamburg, Germany
Managing Director / Publishing direction: Harald Hof
Print: Books on Demand GmbH, In de Tarpen 42, 22848 Norderstedt, Germany

школа
lekòl

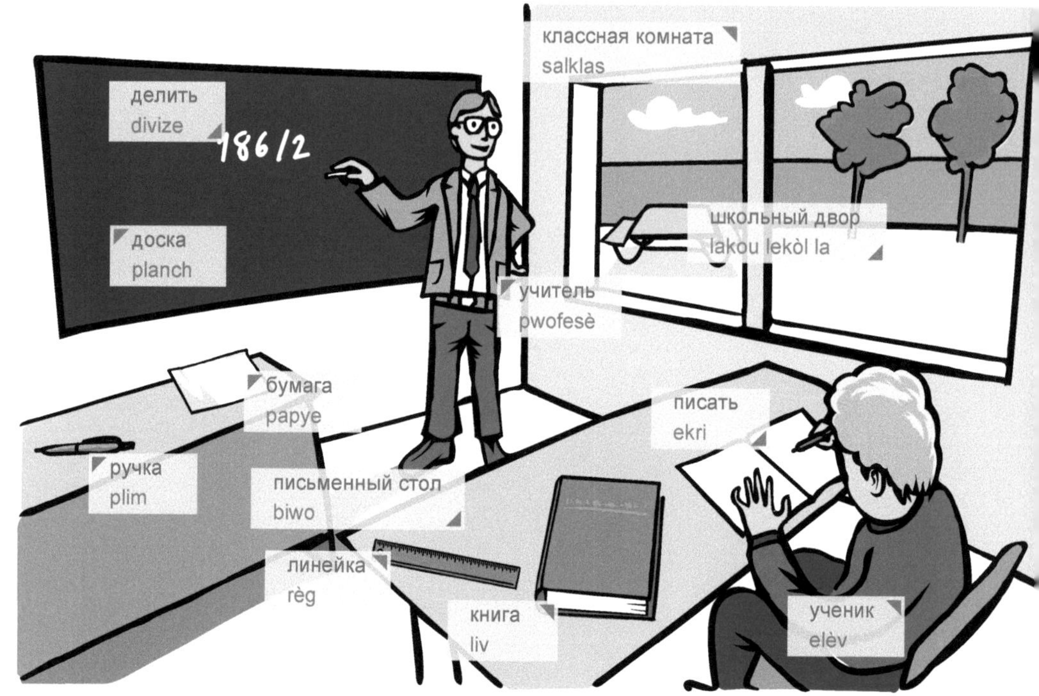
классная комната
salklas
делить
divize
186/2
доска
planch
школьный двор
lakou lekòl la
учитель
pwofesè
бумага
papye
писать
ekri
ручка
plim
письменный стол
biwo
линейка
règ
книга
liv
ученик
elèv

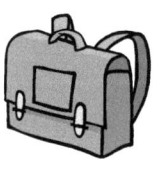

ранец

ti valiz

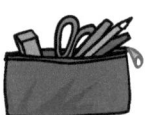

пенал

bwat kreyon

карандаш

kreyon

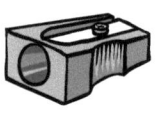

точилка

tay Kreyon

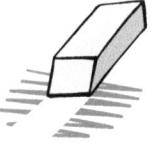

ластик

kaoutchou

альбом для рисования

kanè desen

рисунок

desen

кисточка

penso

коробка красок

bwat penti

ножницы

sizo

клей

lakòl

тетрадь

liv egzèsis

домашняя работа

devwa

цифра

nimewo

прибавлять

adisyone

вычитать

soustrè

умножать

miltipliye

считать

kalkile

буква

lèt

алфавит

alfabè

слово

mo

текст

tèks

читать

li

мел

lakrè

урок

leson

классный журнал

kaye nòt

экзамен

egzamen

диплом

sètifika

школьная форма

inifòm lekòl la

образование

edikasyon

энциклопедия

ansiklopedi

университет

inivèsite

микроскоп

mikwoskòp

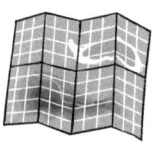

карта

kat jeyografik

корзина для бумаг

poubèl papye

путешествие

vwayaj

гостиница
otèl
Grand
турбаза
fwaye
ROOMS
EXCHANGE
пункт обмена валюты
biwo chanj
чемодан
valiz la
автомобиль
machin

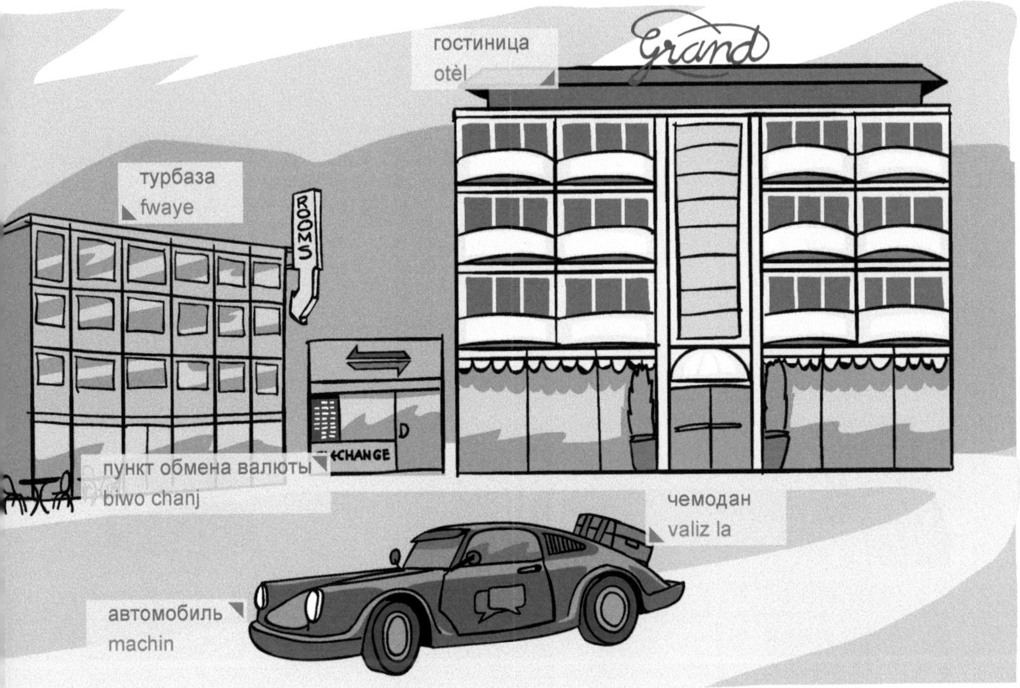

язык
lang

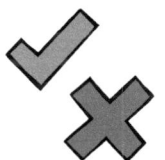

да / нет
wi / non

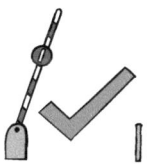

хорошо
Ok

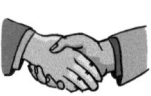

Привет
bonjou

переводчик
tradiktè

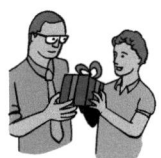

Спасибо
Mèsi

Сколько стоит…?

konbyen sa koute …?

Я не понимаю

Mwen pa konprann

проблема

pwoblèm

Добрый вечер!

Bonswa!

Доброе утро!

Bonjou!

Доброй ночи!

Bòn nwi!

До свидания

orevwa

направление

direksyon

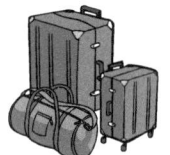

багаж

bagaj

сумка

valiz

рюкзак

valiz pou do

гость

envite

комната

chanm

спальный мешок

sak pou dòmi

палатка

tant

туристическая
информация
enfòmasyon pou touris

пляж

plaj

кредитная карточка

kat kredi

завтрак

manje maten

обед

dejene

ужин

dine

билет

Tikè a

лифт

asansè

почтовая марка

temb

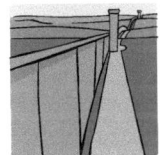

граница

fwontyè a

таможня

la dwàn

посольство

anbasad

виза

viza

паспорт

paspò

транспорт

transpò

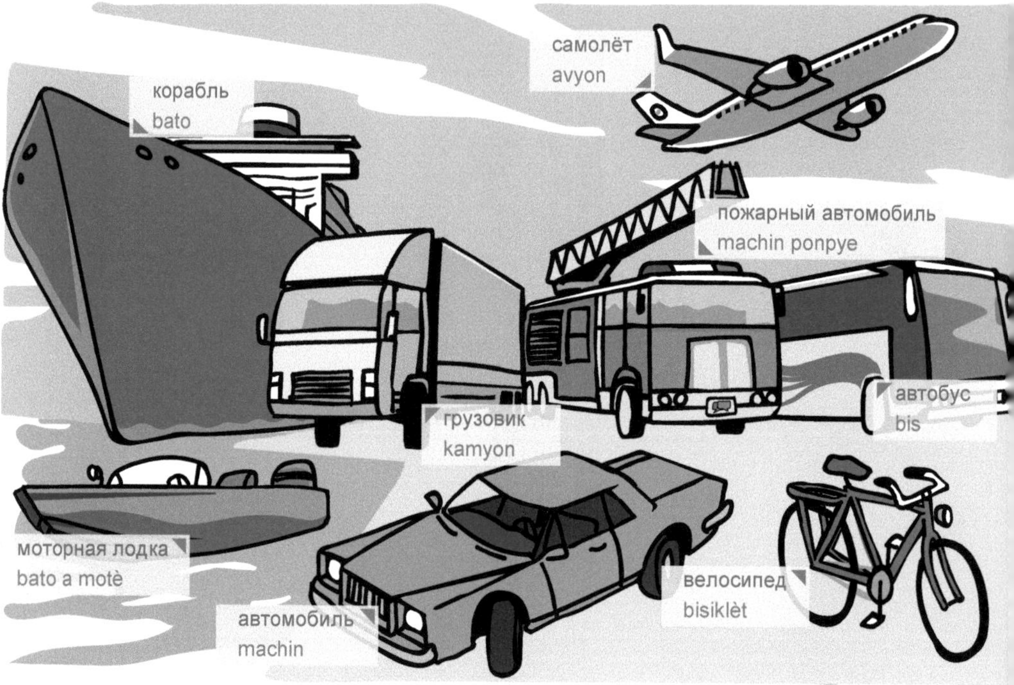
самолёт
avyon
корабль
bato
пожарный автомобиль
machin ponpye
автобус
bis
грузовик
kamyon
моторная лодка
bato a motè
велосипед
bisiklèt
автомобиль
machin

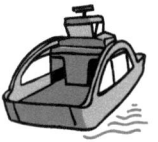

паром

bato

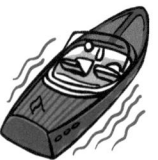

лодка

kannòt

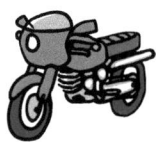

мотоцикл

motosiklèt

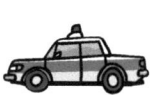

полицейский автомобиль

machin polis

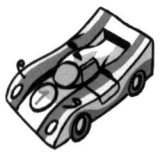

гоночный автомобиль

machin kous

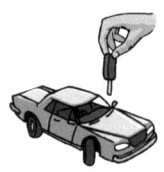

арендованный автомобиль

machin lokasyon

овместное пользование
автомобилями

pataj machin

буксировочный
автомобиль
machin remòke

мусоровоз

machin fatra

двигатель

motè

топливо

gaz

заправка

estasyon gaz

дорожный знак

pano endikatè

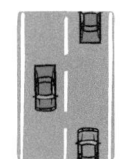

движение

trafik

пробка

blokis trafik

автостоянка

pakin

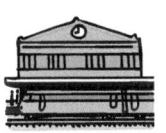

вокзал

estasyon tren

рельсы

ray tren

поезд

tren an

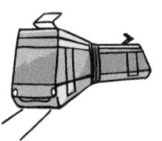

трамвай

tram

вагон

wagon

вертолёт

elikoptè

аэропорт

ayewopò

вышка

tou

пассажир

pasaje

контейнер

resipyan

коробка

bwat katon

тележка

charyo

корзина

poubèl

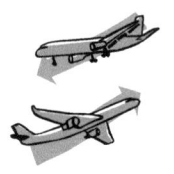

взлетать / приземляться

dekole / ateri

город

lavil

деревня

vilaj

центр города

sant vil la

дом

kay

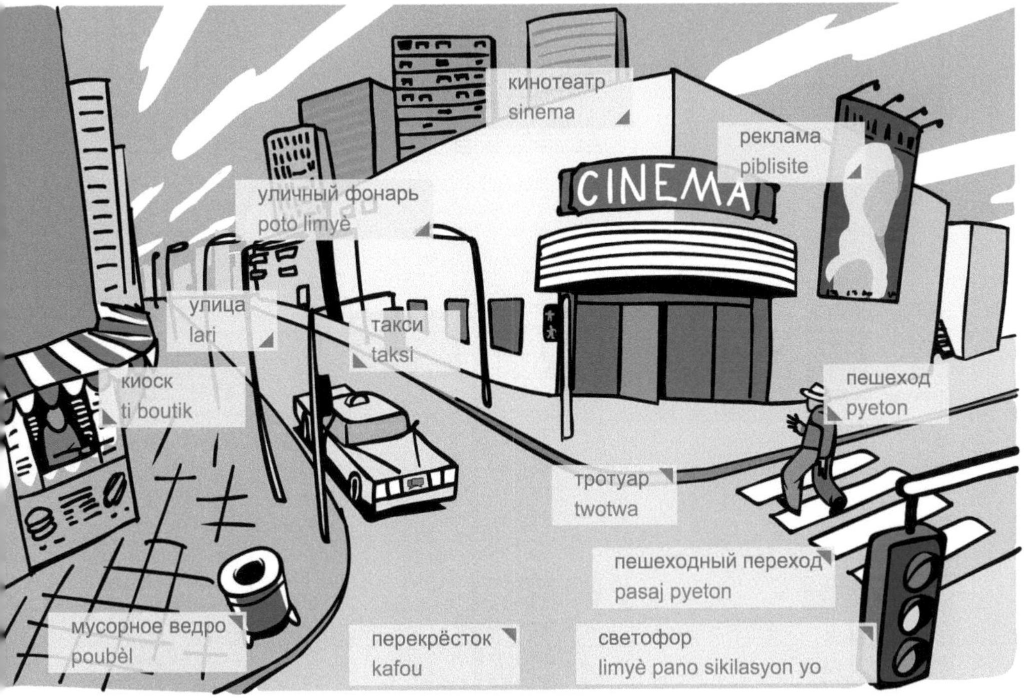

кинотеатр
sinema
реклама
piblisite
CINEMA
уличный фонарь
poto limyè
улица
lari
такси
taksi
киоск
ti boutik
пешеход
pyeton
тротуар
twotwa
пешеходный переход
pasaj pyeton
мусорное ведро
poubèl
перекрёсток
kafou
светофор
limyè pano sikilasyon yo

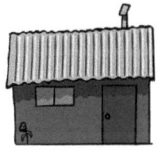

хижина

ajoupa

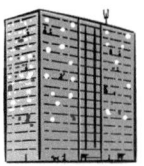

квартира

apatman

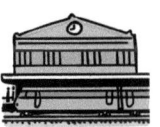

вокзал

estasyon tren

ратуша

meri

MUSEUM

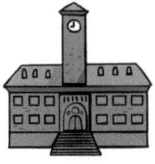

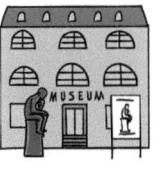

музей

mize

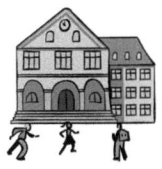

школа

lekòl

университет

inivèsite

банк

bank

больница

lopital

гостиница

otèl

аптека

famasi

офис

biwo

книжный магазин

magazen liv

магазин

boutik

цветочный магазин

machann flè

супермаркет

makèt

рынок

mache a

универмаг

magazen

торговец рыбой

kote yo vann pwason

торговый центр

sant komèsyal yo

порт

pò

парк

pak

скамейка

bank

мост

pon

лестница

eskalye

метро

anba tè

тоннель

tinèl la

автобусная остановка

stasyon bis

бар

ba

ресторан

restoran

почтовый ящик

bwat postal

табличка с названием
улицы

pano afichaj

паркометр

aparèy pakmèt

зоопарк

zoo

бассейн

pisin

мечеть

moske

ферма

fèm agrikòl

загрязнение окружающей среды

polisyon

кладбище

simityè

церковь

legliz

детская площадка

lakou rekreyasyon

храм

tanp

ландшафт

peyizaj

лист
fèy

дорожный указатель
pano endikatè

дорога
chemen

луг
preri

путешественник
vwayajè

камень
wòch

дерево
pyebwa

река
rivyè

трава
zèb

цветок
flè

долина

lavale

гора

mòn

озеро

lak

лес

forè

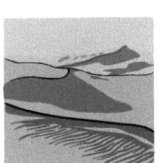

пустыня

dezè

вулкан

vòlkan

замок

chato

радуга

lakansyèl

гриб

djondjon

пальма

pye palmis

комар

moustik

муха

vole

муравей

foumi

пчела

gèp

паук

zaryen

жук

skarabe

лягушка

krapo

белка

ekirèy

еж

lerison an

заяц

lapen

сова

chwèt

птица

zwazo

лебедь

siy

кабан

sangliye

олень

sèf

лось

elan

плотина

baraj

ветряной генератор

tibin van

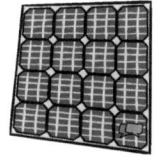

солнечная батарея

pano solèy

климат

klima

ресторан
restoran

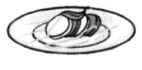

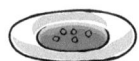

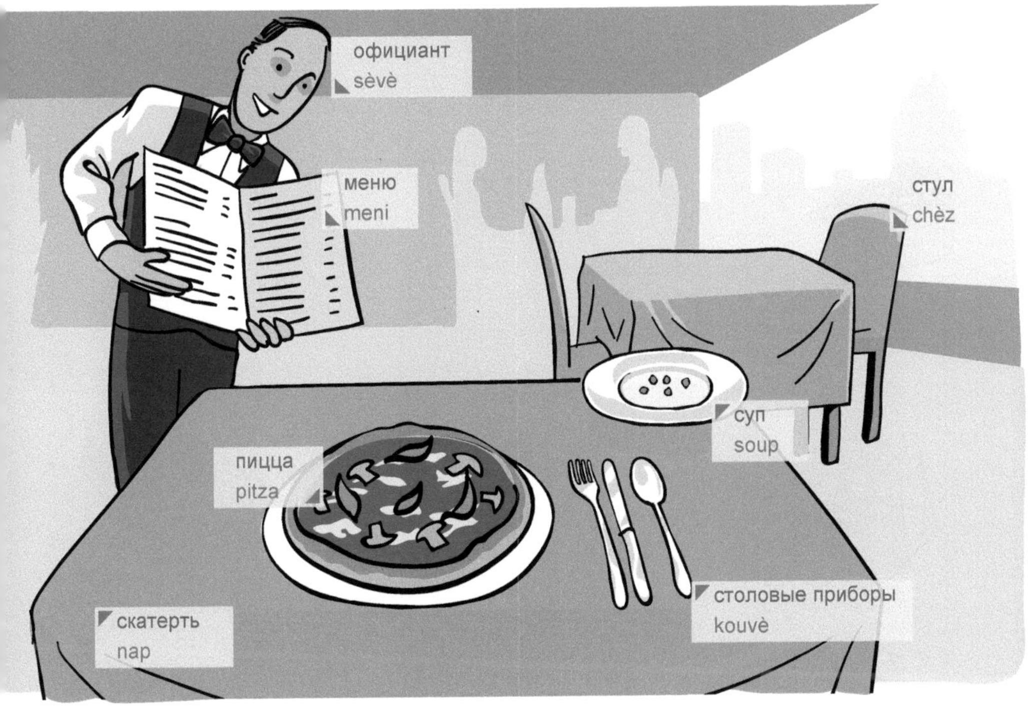
официант
sèvè
меню
meni
стул
chèz
суп
soup
пицца
pitza
столовые приборы
kouvè
скатерть
nap

закуска

asyèt

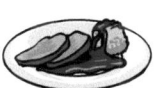

главное блюдо

pla prensipal

десерт

desè

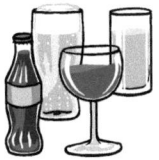

напитки

bwason yo

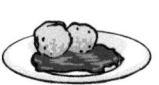

еда

manje

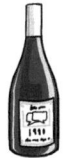

бутылка

boutèy

фастфуд

fast-food

уличная еда

manje nan lari

чайник

kafetyè

сахарница

bòl sik

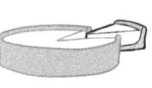

порция

pòsyon

кофеварка

machin ekspreso

детский стульчик

chèz wo

счет

bòdwo

поднос

plato

нож

kouto

вилка

fouchèt

ложка

kiyè

чайная ложка

ti kiyè kafe

салфетка

sèvyèt pou tab

стакан

vè

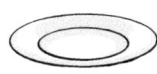

тарелка

asyèt

суповая тарелка

asyèt pou soup

блюдце

sokoup

соус

sòs

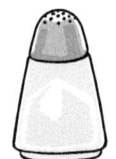

солонка

boutèy sèl fen

мельница для перца

moulen pwav

уксус

vinèg

масло

lwil

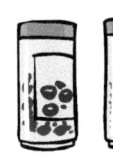

специи

epis

кетчуп

sòs tomat

горчица

moutad

майонез

mayonèz

супермаркет
makèt

специальное предложение
òf pwomosyonèl
FOR
покупатель
kliyan
молочные продукты
pwodwi letye
фрукты
fwi
тележка для покупок
charyo

BUTCHERS

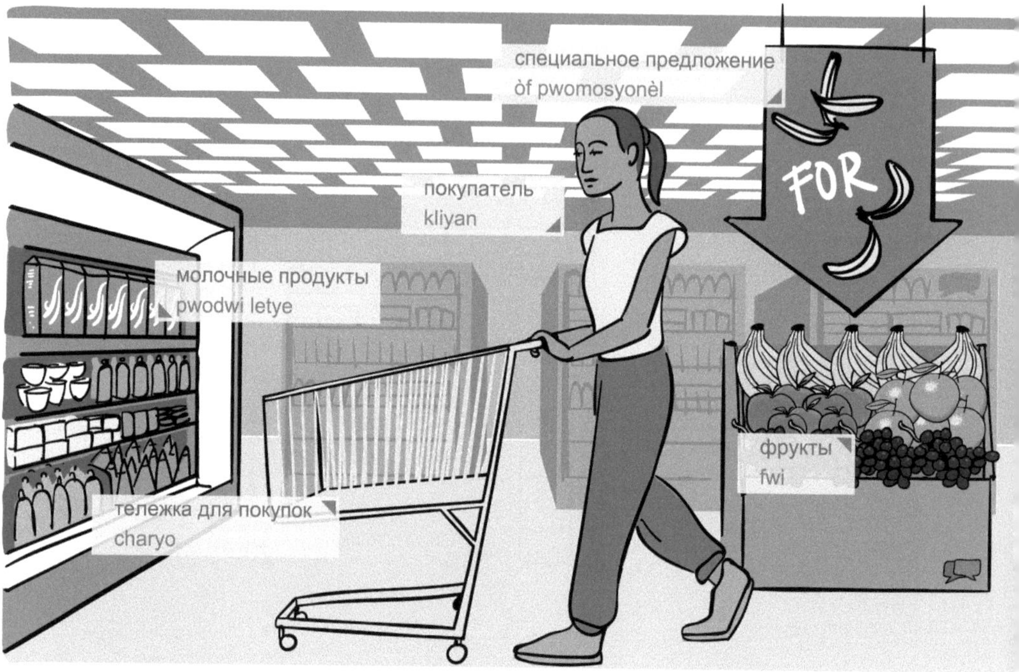

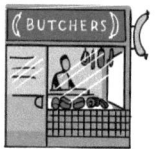

мясной магазин

bouche

BAKERY

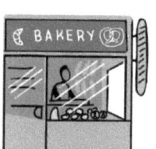

пекарня

boulanje

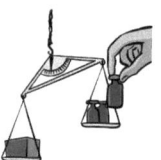

взвешивать

peze

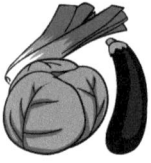

овощи

legim yo

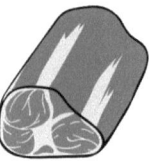

мясо

vyann

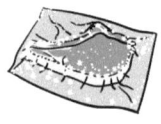

быстрозамороженные продукты

manje nan frizè

нарезка

vyann fime

консервы

bwat konsèv

стиральный порошок

savon

сладости

sirèt yo

предмет домашнего
обихода
atik nan kay la

моющее средство

pwodwi netwayaj

продавщица

vandè

касса

kès

кассир

kesye

список покупок

lis acha

время работы

lè fonksyònman

бумажник

bous

кредитная карточка

kat kredi

сумка

sak

полиэтиленовый пакет

sak plastik la

вода

dlo

сок

ji fwi

молоко

lèt

кока-кола

koka

вино

diven

пиво

byè

алкоголь

alkòl

какао

chokola

чай

te

кофе

kafe

эспрессо

ekspreso

капучино

cappucino

банан

bannann

яблоко

pòm

апельсин

zoranj

арбуз

melon

лимон

sitwon

морковь

kawòt

чеснок

lay

бамбук

banbou

лук

zonyon

гриб

djondjon

орехи

nwa

лапша

vèmisèl

спагетти

espageti

рис

diri

салат

salad

картофель фри

pòmdetè fri

жареный картофель

pòmdetè fri

пицца

pitza

гамбургер

anmbègè

сэндвич

sandwich

шницель

filè

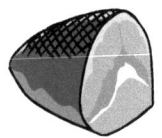

ветчина

janbon

салями

salami

колбаса

sosis

курица

poul

жаркое

boukannen

рыба

pwason

овсяные хлопья

avwàn

мюсли

muzli la

кукурузные хлопья

cornflakes

мука

farin

круассан

kwasan

булочка

ti pen

хлеб

peny

тост

pen griye

печенье

biskwit yo

масло

bè

творог

krèm fwomaj blan

пирог

gato

яйцо

ze

яичница

ze fri

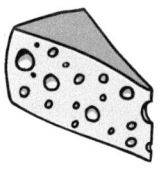

сыр

fwomaj

мороженое

krèm ala glas

сахар

sik

мёд

myèl

мармелад

konfiti

крем с нугой

krèm chokola

карри

curry

ферма
fèm agrikòl

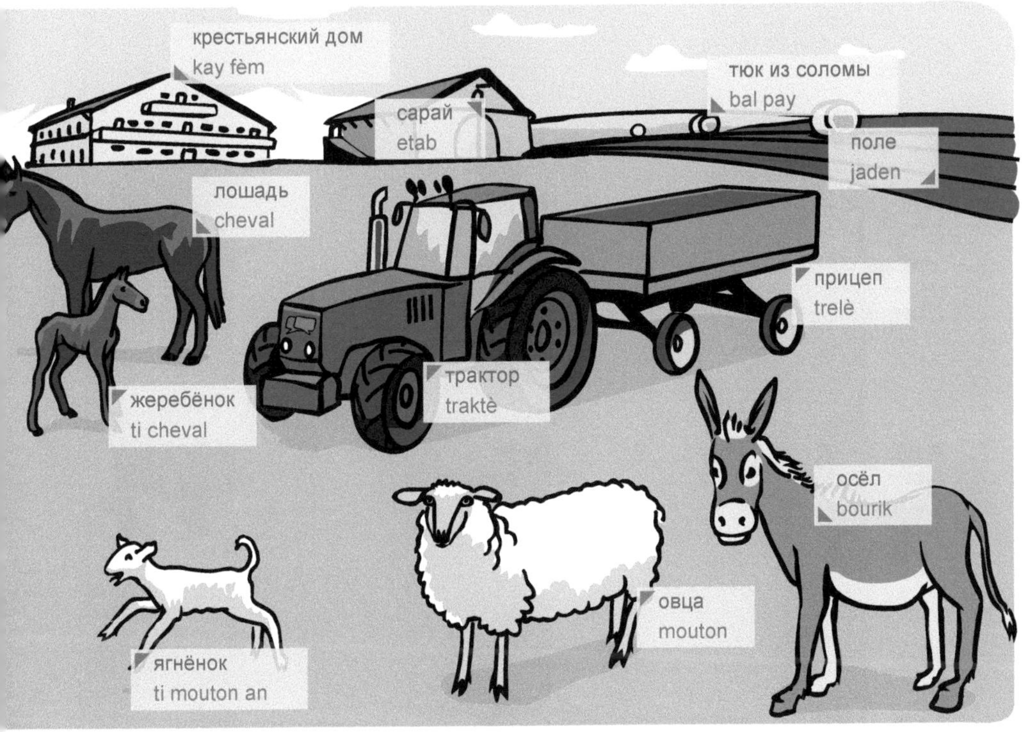
крестьянский дом
kay fèm
сарай
etab
тюк из соломы
bal pay
поле
jaden
лошадь
cheval
прицеп
trelè
трактор
traktè
жеребёнок
ti cheval
осёл
bourik
овца
mouton
ягнёнок
ti mouton an

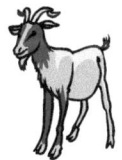

коза

kabrit

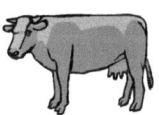

корова

bèf

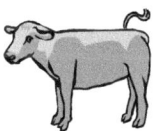

телёнок

ti bèf la

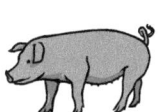

свинья

kochon

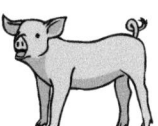

поросёнок

ti kochon

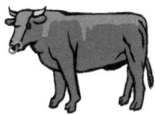

бык

towo bèf

гусь

zwa

утка

kana

цыплёнок

ti poul la

курица

manman poul la

петух

kòk

крыса

rat

кошка

chat

мышь

sourit

вол

bèf

собака

chen

конура

kay chen

садовый шланг

tiyo jaden an

лейка

awozwa

коса

lam fochez

плуг

chari

серп

kouto digo

мотыга

pikwa

навозные вилы

fouch

топор

rach

тачка

brouèt

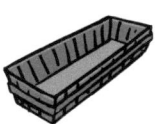

корыто

tank

бидон для молока

po pou lèt

мешок

sak

забор

kloti

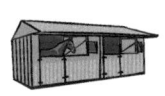

хлев

etab

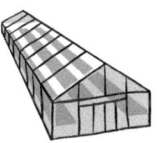

теплица

efè rechofman

почва

tè

посев

grenn

удобрение

angrè

комбайн

machin agrikòl

собирать урожай

rekòlte

урожай

rekòt

ямс

yanm

пшеница

ble

соя

soja

картофель

pòmdetè

кукуруза

mayi

рапс

kolza

фруктовое дерево

pyebwa ki donnen

маниок

manyòk

злаки

sereyal yo

ферма - fèm agrikòl

дом
kay

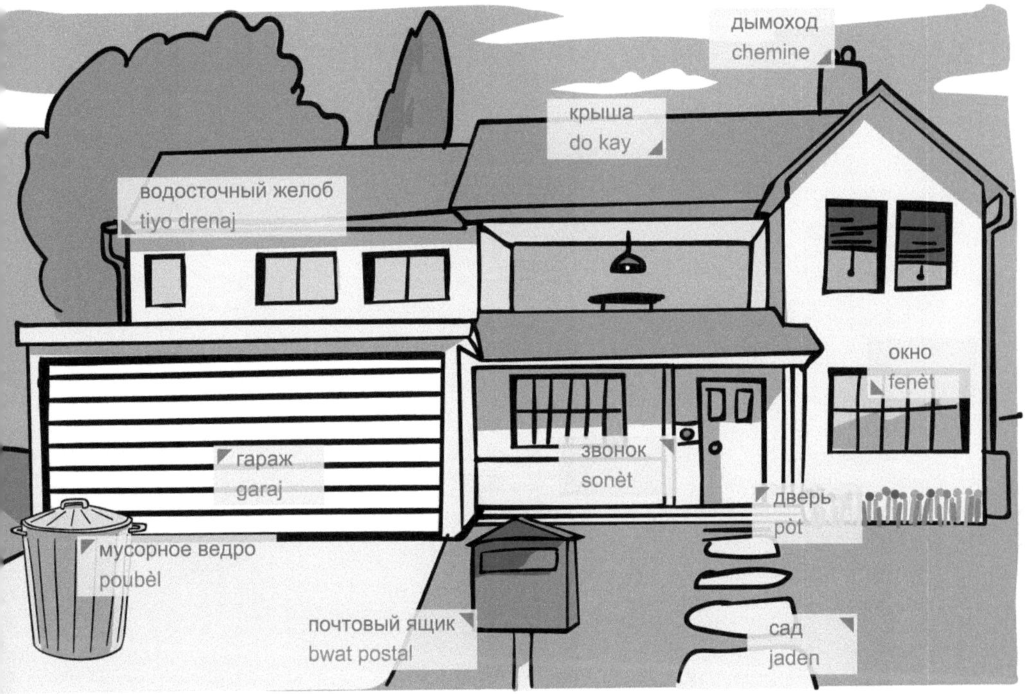
дымоход
chemine
крыша
do kay
водосточный желоб
tiyo drenaj
окно
fenèt
гараж
garaj
звонок
sonèt
дверь
pòt
мусорное ведро
poubèl
почтовый ящик
bwat postal
сад
jaden

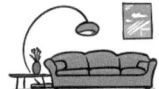

гостиная

salon

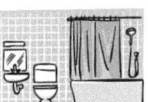

ванная комната

sal de ben

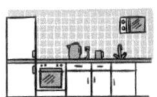

кухня

kwizin

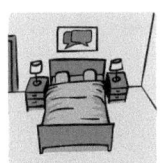

спальня

chanm

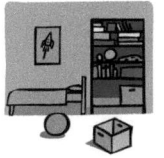

детская комната

chanm timoun

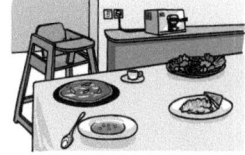

столовая

sal a manje

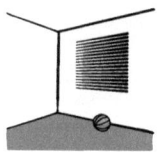

пол
etaj

стена
mi

потолок
plafon

подвал
kav

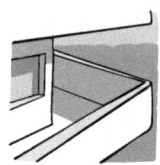

сауна
sona

балкон
balkon

терраса
teras la

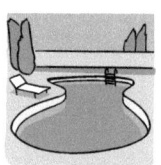

бассейн
pisin

газонокосилка
tondèz pou gazon

пододеяльник
fèy

покрывало
dra

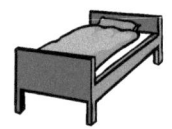

кровать
kabann

метла
bale

ведро
bokit

выключатель
entèriptè

гостиная

salon

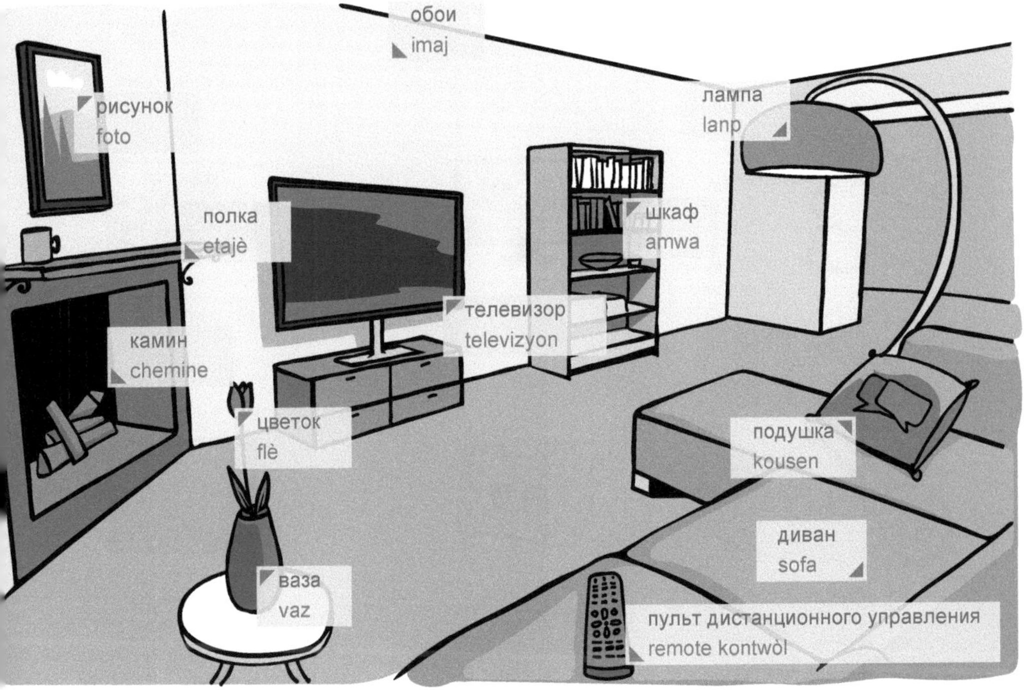
обои
imaj
рисунок
foto
лампа
lanp
полка
etajè
шкаф
amwa
телевизор
televizyon
камин
chemine
цветок
flè
подушка
kousen
диван
sofa
ваза
vaz
пульт дистанционного управления
remote kontwòl

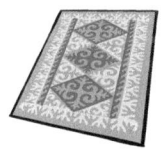

ковёр

kapèt

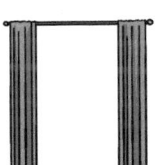

штора

rido

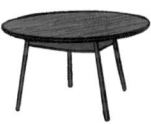

стол

tab

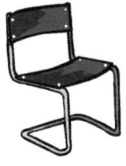

стул

chèz

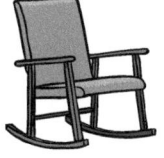

кресло-качалка

dodin

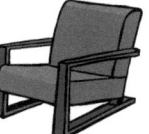

кресло

chèz

книга

liv

покрывало

dra

украшение

dekorasyon

дрова

bwa dife

фильм

fim

стереосистема

aparèy mizik

ключ

kle

газета

jounal

картина

penti

плакат

postè

радио

radyo

блокнот

kanè nòt

пылесос

aspiratè

кактус

kaktis

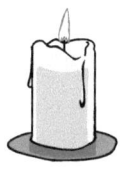

свеча

balèn

кухня
kwizin

холодильник
frijidè
микроволновая печь
fou mikwo ond
кухонные весы
balans pou kwizin
тостер
tostè
моющее средство
detèjan
духовка
fou
морозилка
frizè
мусорное ведро
poubèl
посудомоечная машина
machin alave pou veso

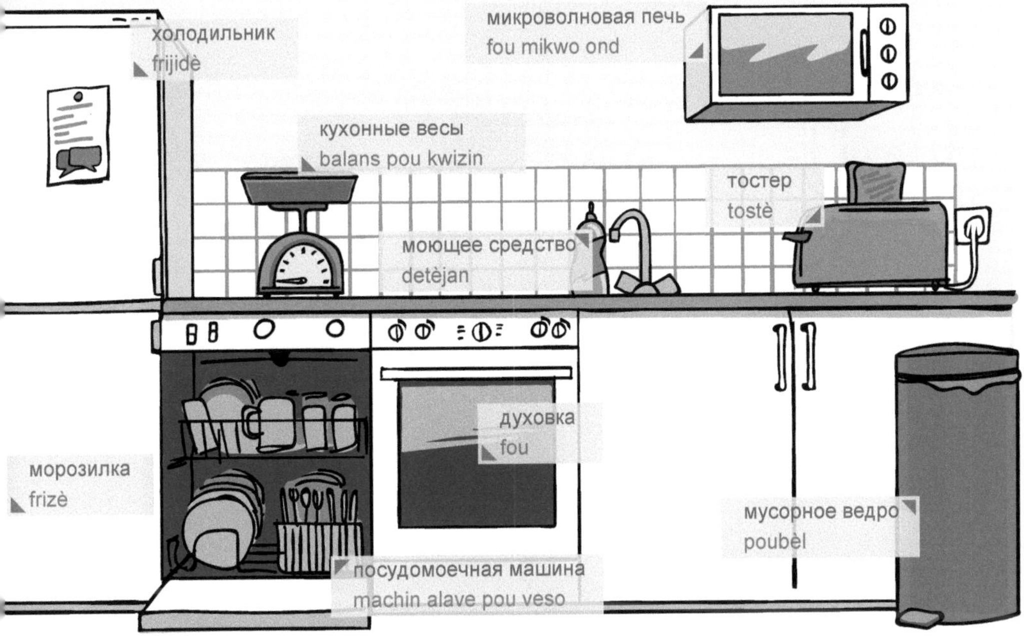

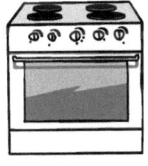

плита

fou

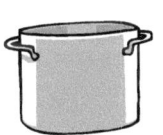

кастрюля

kaswòl

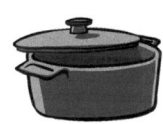

чугунный котелок

mamit

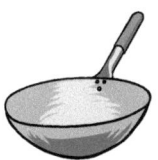

вок / кадай

wok / kadai

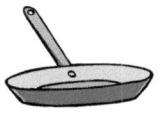

сковорода

pwelon

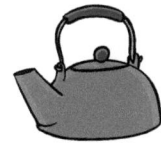

чайник

kafetyè elektrik pou bouyi dlo

пароварка

aparèy kwison a vapè

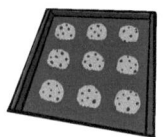

противень

plato fou

посуда

istansil

кружка

goblè

миска

bòl

палочки для еды

bagèt

половник

louch

лопатка

spatul

сбивалка

batez

сито

paswa

сито

paswa

тёрка

graj

ступка

mòtye

гриль

babekyou

костёр

dife

доска

planch kizin

скалка

woulo patisri

штопор

tir bouchon

жестяная банка

kanèt

консервный нож

aparèy pou ouvri kanèt

прихватка

gan kwizin

раковина

lavabo

щетка

bwòs

губка

eponj

миксер

blendè

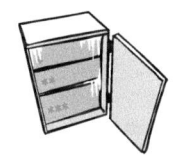

морозильная камера

konjelatè

бутылочка для кормления

bibon

кран

tiyo

ванная комната
sal de ben

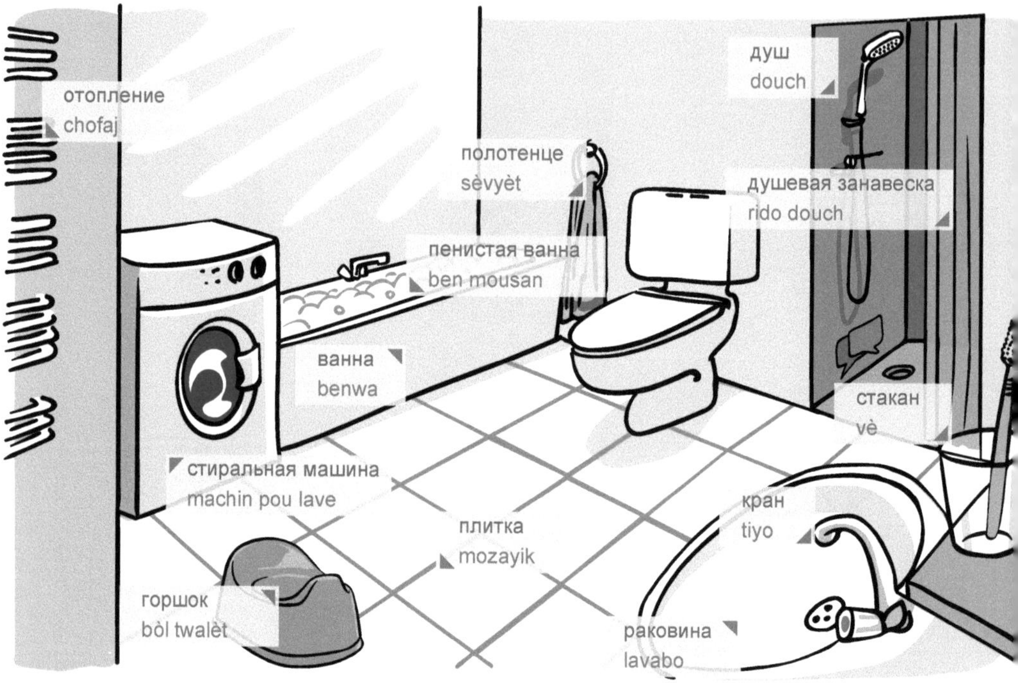

отопление
chofaj
душ
douch
полотенце
sèvyèt
душевая занавеска
rido douch
пенистая ванна
ben mousan
ванна
benwa
стакан
vè
стиральная машина
machin pou lave
кран
tiyo
плитка
mozayik
горшок
bòl twalèt
раковина
lavabo

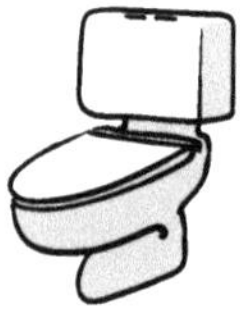

туалет

twalèt

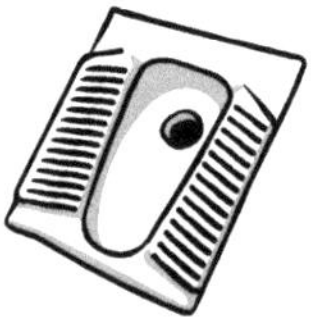

напольный унитаз

twalèt pou koupi

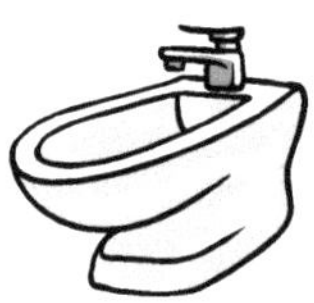

биде

bidet

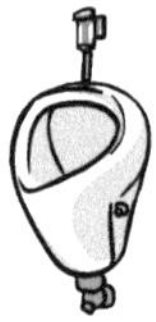

писсуар

kote pou pipi

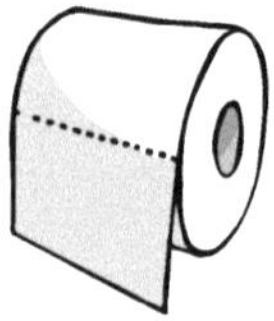

туалетная бумага

papye twalèt

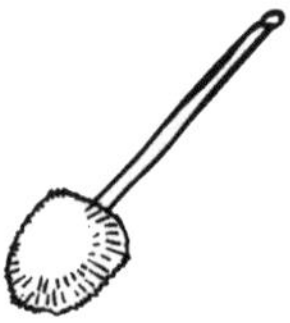

ершик

bwòs twalèt

зубная щетка

bwòs dan

зубная паста

pat dantifris

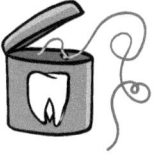

зубная нить

fil dantè

мыть

lave

ручной душ

wobinè douch pou kenbe

интимный душ

twalèt entim

таз

lavabo

щетка для спины

bwòs pou do

мыло

savon

гель для душа

jèl douch

шампунь

chanpou

мочалка

gan douch

сток

ekoulman

крем

krèm

дезодорант

deyodoran

ванная комната - sal de ben

зеркало

miwa

ручное зеркало

miwa pòtatif

бритва

razwa

пена для бритья

losyon mous pou razaj

лосьон после бритья

losyon aprè razaj

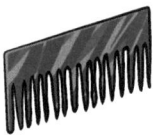

расческа

peny

щетка

bwòs

фен

sechwa

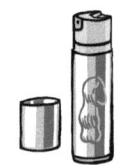

лак для волос

spre pou cheve

косметика

makiyaj

губная помада

wouj a lèv

лак для ногтей

vèni pou zong

вата

boul koton

маникюрные ножницы

tay zong

духи

pafen

косметичка

twous pou douch

табуретка

bankèt

весы

balans

халат

wòb pou chanm

резиновые перчатки

gan kawotchou

тампон

tampon

гигиеническая прокладка

sèvyèt ijyenik

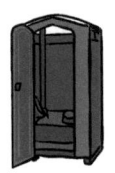

биотуалет

twalèt chimik

детская комната

chanm timoun

будильник
revèy alam
мягкая игрушка
nounous
игрушечный автомобиль
machin jwèt
погремушка
jwèt tchatcha
кукольный домик
kay poupe
подарок
kado

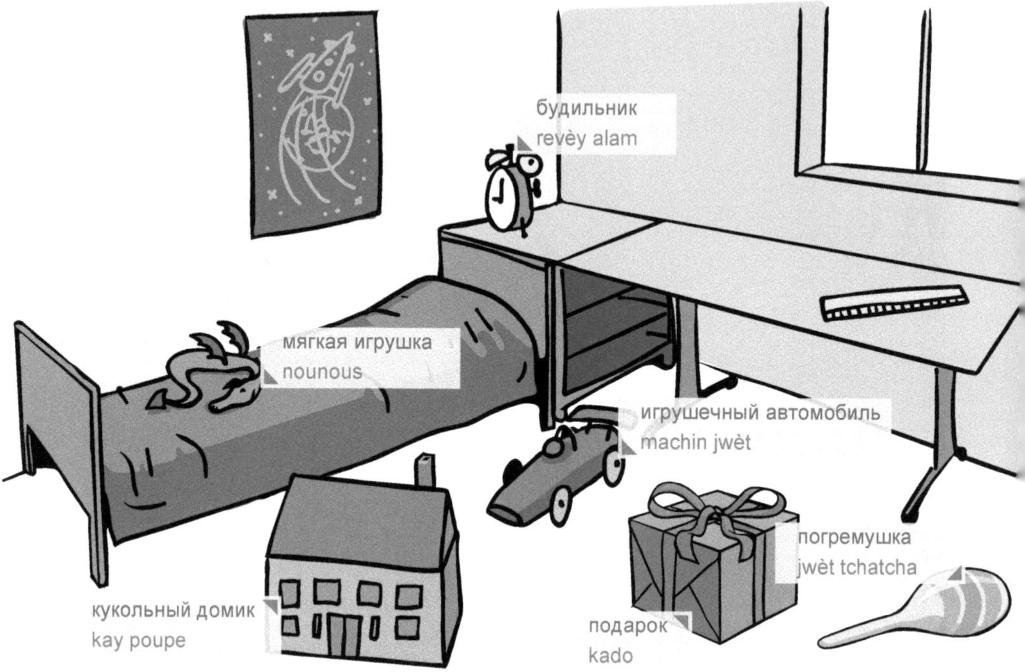

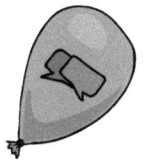

воздушный шар

balon

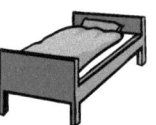

кровать

kabann

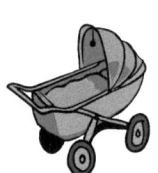

детская коляска

pousèt

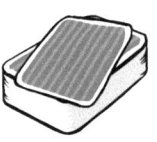

карточная игра

jwèt kat

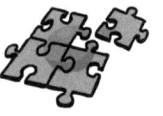

пазл

puzzle

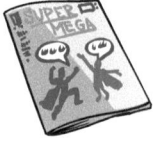

комикс

ti komik

кирпичики Лего

pyès lego

кубики

jwèt blòk konstriksyon

игрушечная фигурка

ti tonton jwèt

ползунки

rad ti bebe

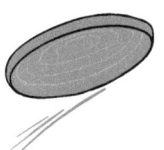

фрисби

frisbee

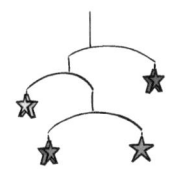

мобиле

jwèt mobil

настольная игра

jwèt sosyete

кубик

jwèt de

модель железной дороги

jwèt tren

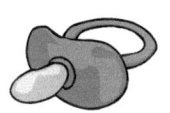

соска

sousèt

вечеринка

fèt

книга с картинками

liv ak imaj

мяч

boul

кукла

poupe

играть

jwe

песочница

bak sab

качели

balanswa

игрушка

jwèt

игровая приставка

jwèt videyo

трёхколесный велосипед

bekàn twa wou

плюшевый медвежонок

nounous

шкаф для одежды

pandri

одежда

rad

носки

chosèt

чулки

ba

колготки

kolan

шарф
foula

зонтик
parapli

футболка
mayo

ремень
sentiwon

сапоги
bòt

тапки
pantouf

кроссовки
tenis

сандалии
....
sapat

ботинки
....
soulye

резиновые сапоги
....
bòt kawotchou

трусы
....
sou vètman

бюстгальтер
....
soutyen

майка
....
jilè

одежда - rad

боди

kò

брюки

pantalon

джинсы

pantalon jeans

юбка

jip

блузка

kòsaj

рубашка

chemiz

свитер

jakèt

свитер

jakèt

спортивная куртка

vès

жакет

jakèt

пальто

manto

плащ

padesi

костюм

kostim

платье

wòb

свадебное платье

rad marye

мужской костюм

kostim

ночная сорочка

chemiz de nwi

пижама

pijama

сари

sari

платок

foula

тюрбан

turban

паранджа

burqa

кафтан

kaftan

абайя

abaya

купальник

kostim de ben

плавки

chòt

шорты

bout pantalon

спортивный костюм

rad spò

фартук

tabliye

перчатки

gan

пуговица

bouton

очки

linèt

браслет

braslè

цепочка

kolye

кольцо

bag

серьга

zanno

шапка

kepi

вешалка

sèso

шляпа

chapo

галстук

kravat

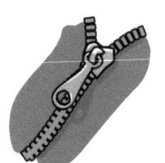

застежка молния

zip

шлем

kas

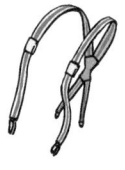

подтяжки

bretèl

школьная форма

inifòm lekòl la

форма

inifòm

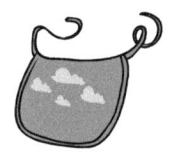

детский нагрудник

bib

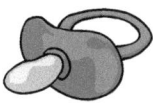

соска

sousèt

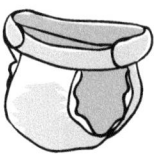

подгузник

kouch sou bebe

офис
biwo

сервер
sèvè
канцелярский шкаф
kazye pou dosye
принтер
enprimant
монитор
ekran
бумага
papye
мышь
souri
письменный стол
biwo
папка
klasè
клавиатура
klavye
корзина для бумаг
poubèl papye
компьютер
òdinatè
стул
chèz

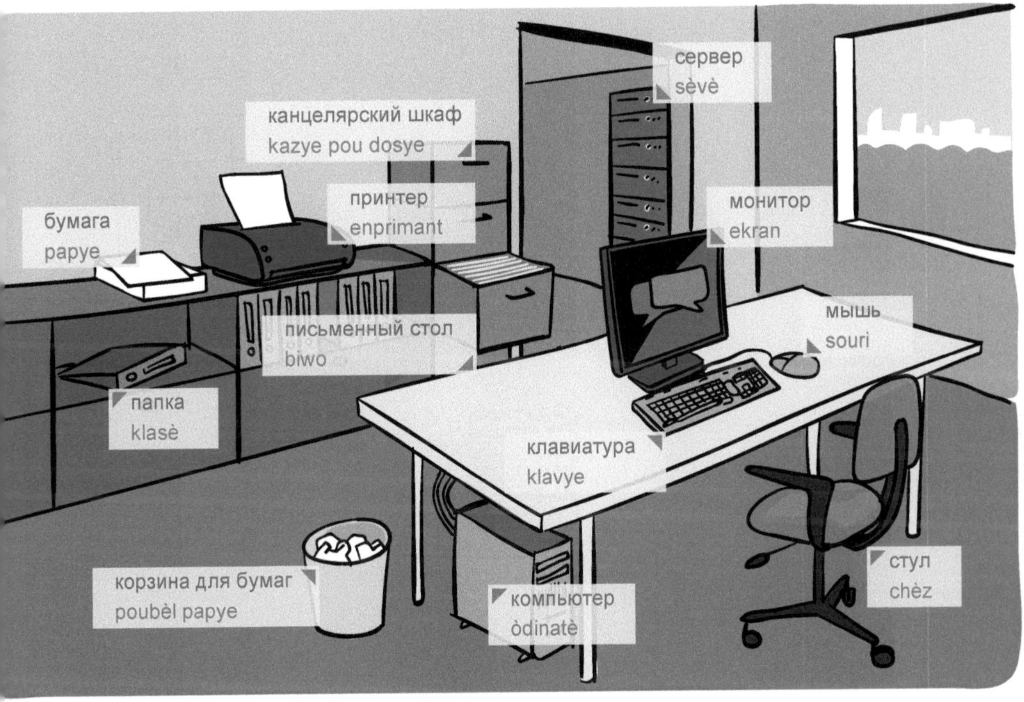

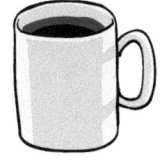

кофейная кружка

tas kafe

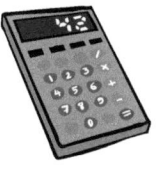

калькулятор

kalkilatris

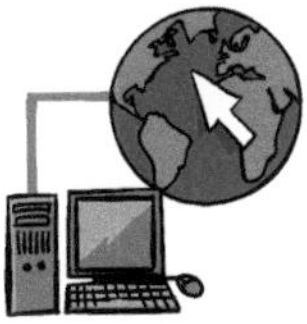

интернет

entènèt

ноутбук

laptop

письмо

lèt

сообщение

mesaj

мобильный телефон

pòtab

сеть

rezo

ксерокс

machin fotokopi

программа

lojisyèl

телефон

telefòn

розетка

priz pou ploge

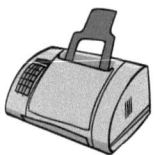

факс

faks machin

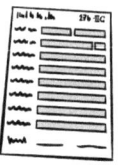

формуляр

fòm

документ

dokiman

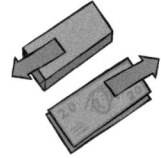

покупать

achte

платить

peye

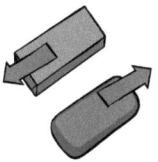

торговать

komès

деньги

lajan an

 **USD**

доллар

dola

 **EUR**

евро

ewo

 **JPY**

иена

yen

 **RUB**

рубль

rouble

 **CHF**

франк

fran swis

 **CNY**

жэньминьби юань

yuan renminbi

 **INR**

рупия

roupi

банкомат

distribitè otomatik

пункт обмена валюты

biwo chanj

золото

lò

серебро

lajan

нефть

gaz

энергия

enèji

цена

pri

договор

kontra a

налог

taks

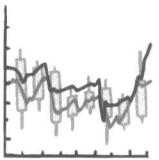

акция

aksyon

работать

travay

служащий

anplwaye

работодатель

patwon

фабрика

faktori

магазин

boutik

профессии
pwofesyon yo

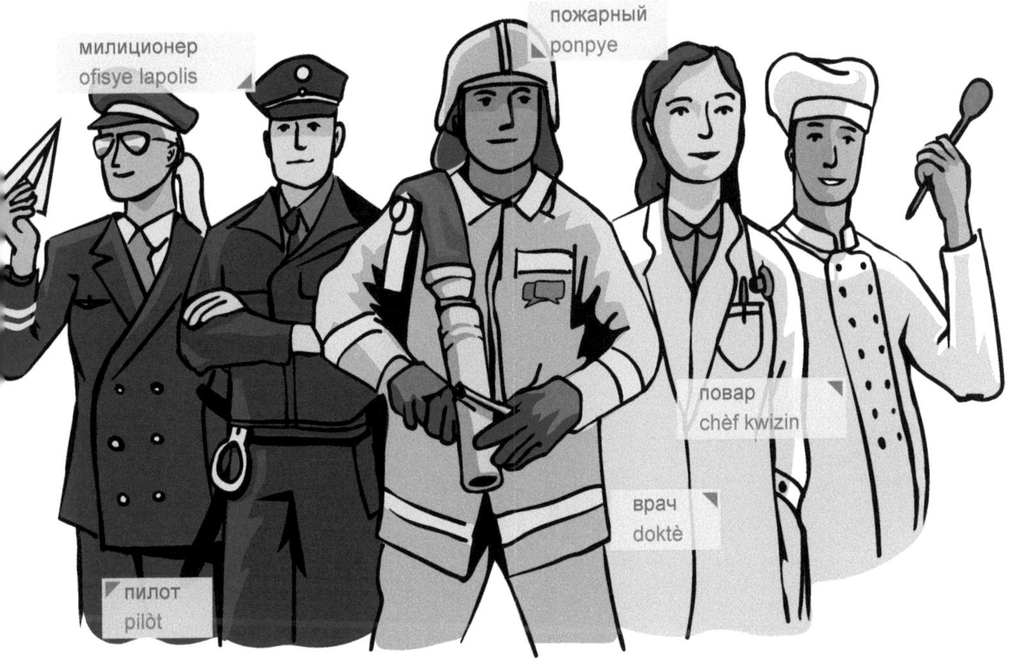
милиционер
ofisye lapolis
пожарный
ponpye
повар
chèf kwizin
врач
doktè
пилот
pilòt

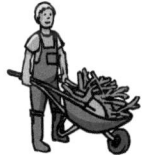

садовник

jadinye

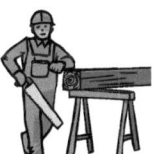

столяр

bòs chapant

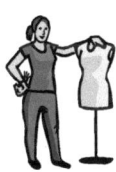

швея

koutirye

судья

jij

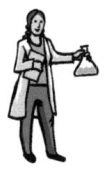

химик

famasyen

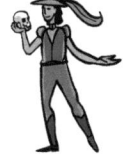

актёр

aktè

водитель автобуса

chofè otobis

таксист

chofè taksi

рыбак

pechè

уборщица

dam responsab netwayaj

кровельщик

bòs ki ranje twati

officiant

официант

sèvè

охотник

chasè

художник

pent la

пекарь

boulanje

электрик

elektrisyen

строитель

ouvriye

инженер

enjenyè

мясник

bouche

сантехник

plonbye

почтальон

faktè

солдат

sòlda

архитектор

achitèk

кассир

kesye

флорист

machann flè

парикмахер

kwafè

кондуктор

kontwolè

механик

mekanisyen

капитан

kapitèn

зубной врач

dantis

ученый

syantifik

раввин

raben

имам

imam

монах

mwàn

священник

prèt

инструменты

zouti yo

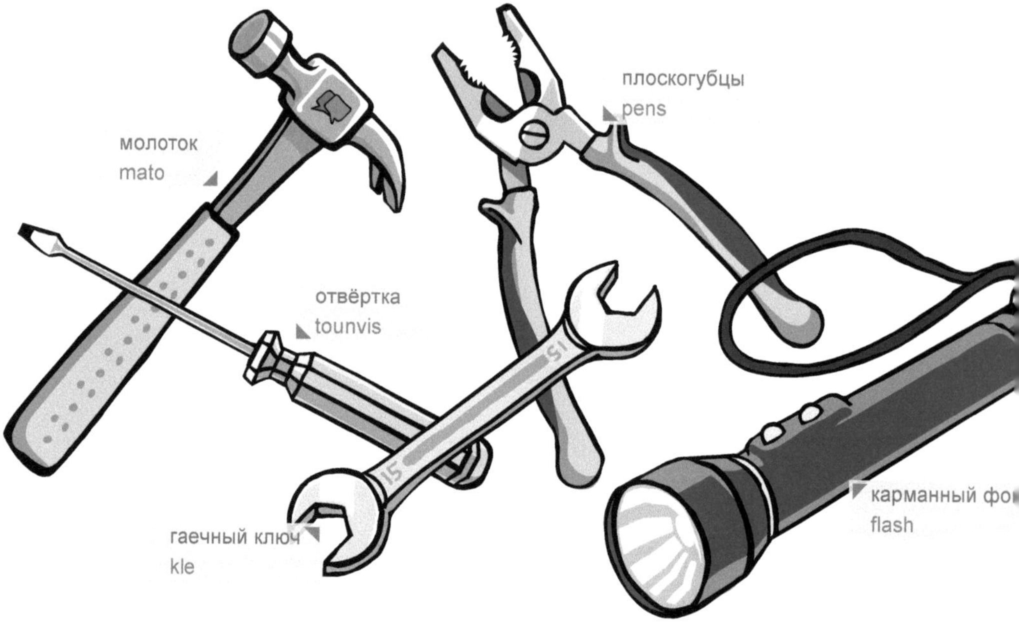
молоток
mato
плоскогубцы
pens
отвёртка
tounvis
гаечный ключ
kle
карманный фо
flash

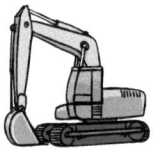

экскаватор

pèl ekskavatris

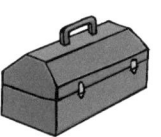

ящик для инструментов

bwat zouti

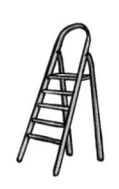

стремянка

echèl

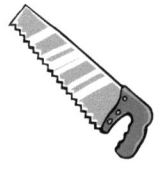

пила

siyameto

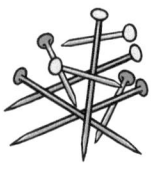

гвозди

klou

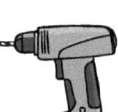

дрель

dril

ремонтировать

repare

лопата

pèl

Блин!

Kèt!

совок

ramaswa

ведро с краской

bokit penti a

винты

vis yo

музыкальные инструменты

enstriman mizik yo

громкоговоритель
opalè

ударный инструмент
batri

гитара
gita

контрабас
kontre bas

труба
twonpèt

пианино

pyano

скрипка

violon

бас-гитара

bas

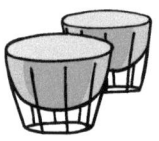

литавры

tenbal

барабан

tanbou

синтезатор

pyano elektrik

саксофон

saksofòn

флейта

flit

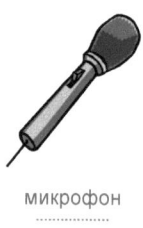

микрофон

mikwofòn la

зоопарк

zoo

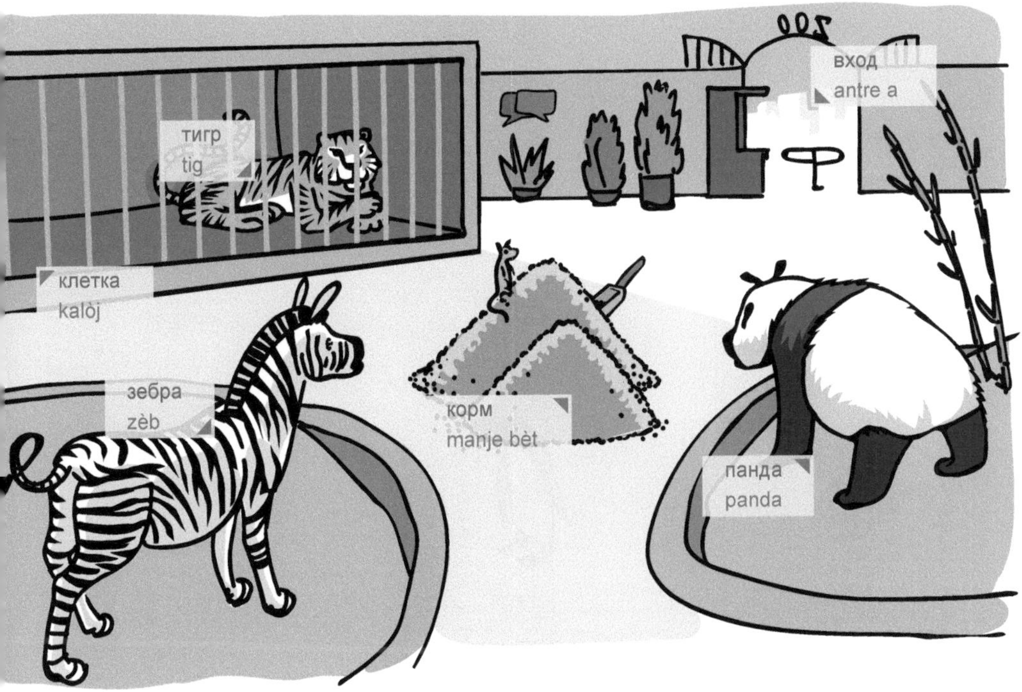

вход
antre a
тигр
tig
клетка
kalòj
зебра
zèb
корм
manje bèt
панда
panda

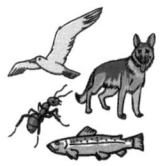

животные

bèt yo

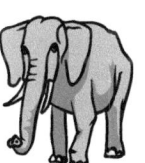

слон

elefan

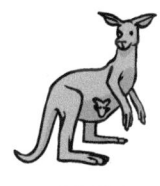

кенгуру

kangouwou

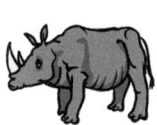

носорог

rinoseròs

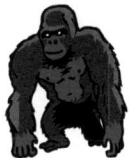

горилла

goril

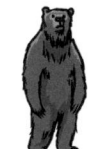

медведь

lous

верблюд

chamo

страус

otrich

лев

lyon

обезьяна

makak

фламинго

flaman woz

попугай

jako

белый медведь

lous polè

пингвин

pengwen

акула

reken

павлин

pan

змея

koulèv

крокодил

kwokodil

служитель зоопарка

gadyen zou

тюлень

fòk

ягуар

jaguar

зоопарк - zoo

пони
pone

леопард
leyopa a

бегемот
ipopotam la

жираф
jiraf

орёл
malfini

кабан
sangliye

рыба
pwason

черепаха
tòti

морж
mòs

лиса
rena

газель
gazèl la

американский футбол
foutbòl ameriken

езда на велосипеде
siklism

теннис
tenis

баскетбол
baskètbòl

плавание
naj

бокс
bòks

хоккей
hockey sou glas

футбол
foutbòl

бадминтон
badminton

лёгкая атлетика
atletism

гандбол
handball

лыжный спорт
ski

поло
polo

действия
aktivite yo

прыгать
sote
обнимать
bo
смеяться
ri
идти
mache
петь
chante
мечтать
rèv
молиться
priye
целовать
bo

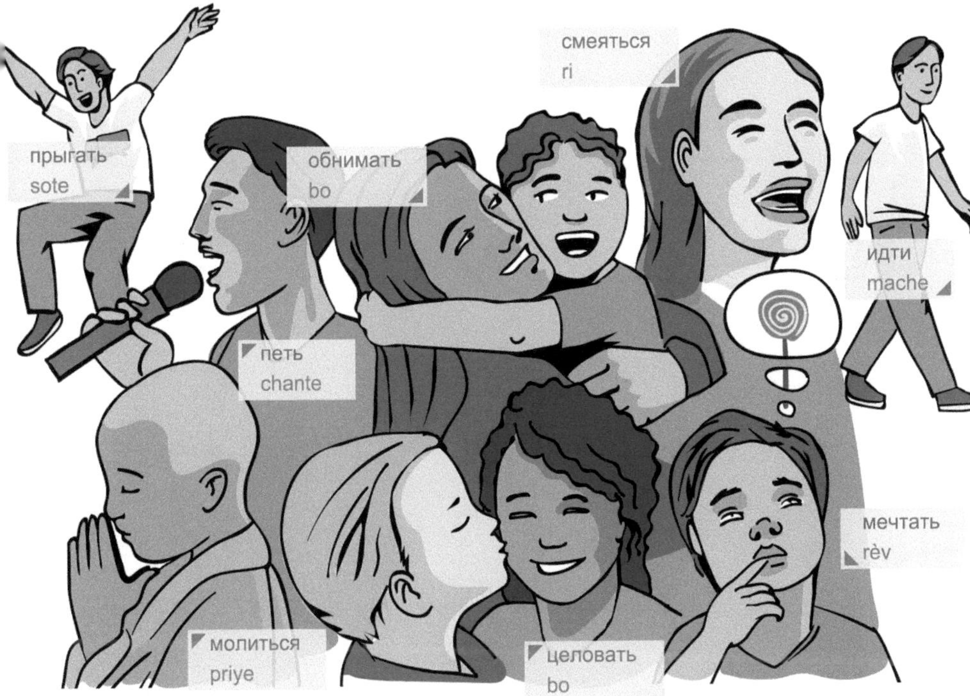

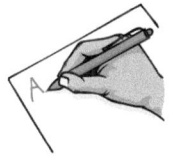

писать
ekri

рисовать
desine

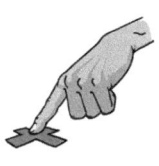

показывать
montre

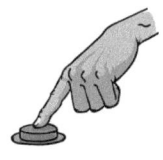

нажимать
pouse

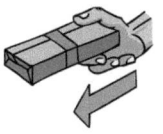

давать
bay

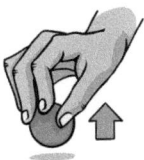

брать
pran

иметь
genyen

делать
fè

быть
vèb èt

стоять
leve kanpe

бежать
kouri

тянуть
rale

бросать
voye

падать
tonbe

лежать
kouche

ждать
atann

носить
pote

сидеть
chita

надевать
abiye

спать
dòmi

просыпаться
reveye

действия - aktivite yo

рассматривать
gade

плакать
kriye

гладить
karese

причесывать
peny

говорить
pale

понимать
konprann

спрашивать
mande

слушать
koute

пить
bwè

кушать
manje

наводить порядок
ranje

любить
renmen

готовить
kwit manje

ехать
kondwi

летать
vole

ходить под парусом

navige

считать

kalkile

читать

li

учиться

aprann

работать

travay

вступать в брак

marye

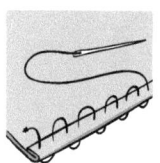

шить

koud

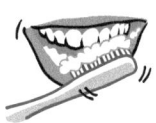

чистить зубы

bwose dan

убивать

touye

курить

fimen

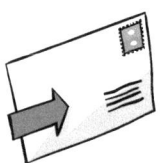

отправлять

voye

бабушка
grann

дедушка
granpapa

папа
papa

мама
manman

младенец
bebe

дочь
pitit fi

сын
pitit gason

гость

envite

тетя

matant

дядя

tonton

брат

frè

сестра

sè

тело
kò

лоб
fwon
глаз
zye
лицо
figi
подбородок
manton
грудь
tete
палец
dwèt
кисть
men
рука
bra
плечо
zepòl
нога
janm

младенец

bebe

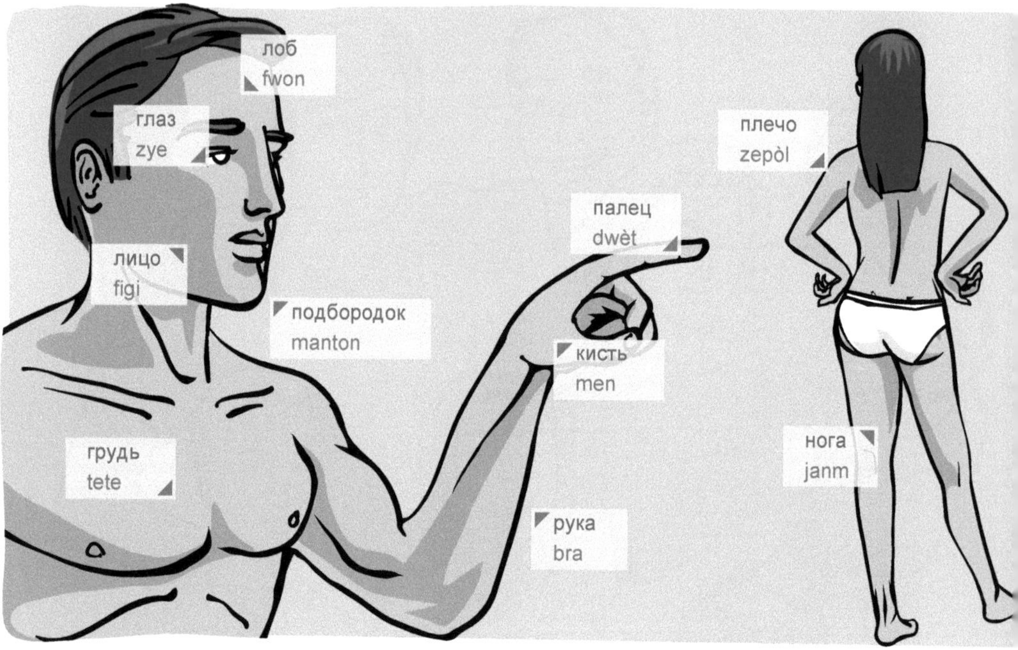

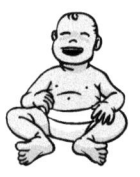

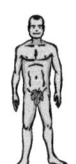

мужчина

moun

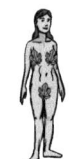

женщина

fi

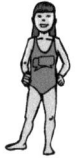

девочка

tifi

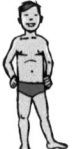

мальчик

gason

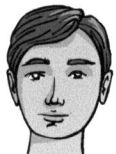

голова

tèt

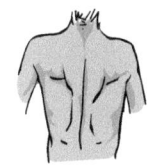

спина
do

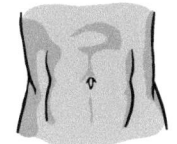

живот
vant

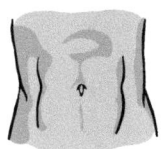

пупок
lombrit

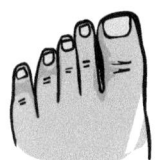

палец ноги
zòtèy

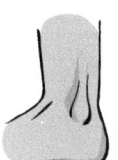

пятка
talon pye

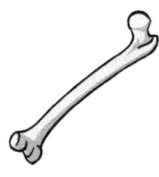

кость
zo

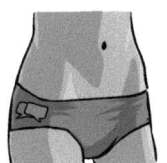

бедро
anch

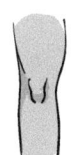

колено
jenou

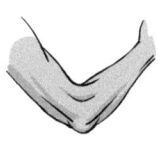

локоть
koud

нос
nen

ягодицы
dèyè

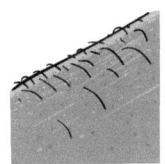

кожа
po

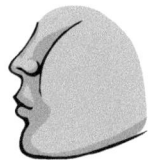

щека
machwè

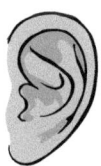

ухо
zòrèy

губа
lèv

рот
bouch

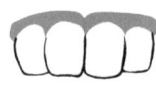

зуб
dan

язык
lang

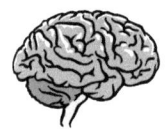

мозг
sèvo

сердце
kè

мышца
misk

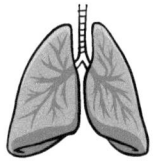

лёгкое
poumon

печень
fwa

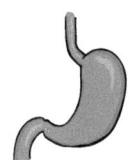

желудок
lestomak

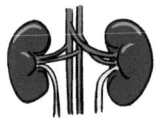

почки
ren

половой акт
sèks

презерватив
kapòt

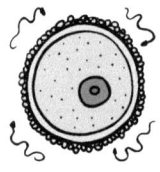

яйцеклетка
ovil

сперма
espèm

беременность
gwosès

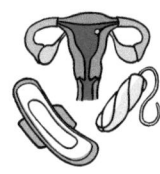

менструация
....
règ

вагина
....
vajen

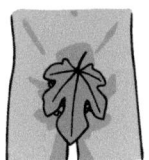

пенис
....
peni

бровь
....
sousi

волосы
....
cheve

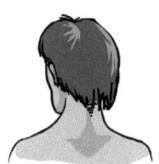

шея
....
kou

больница
lopital

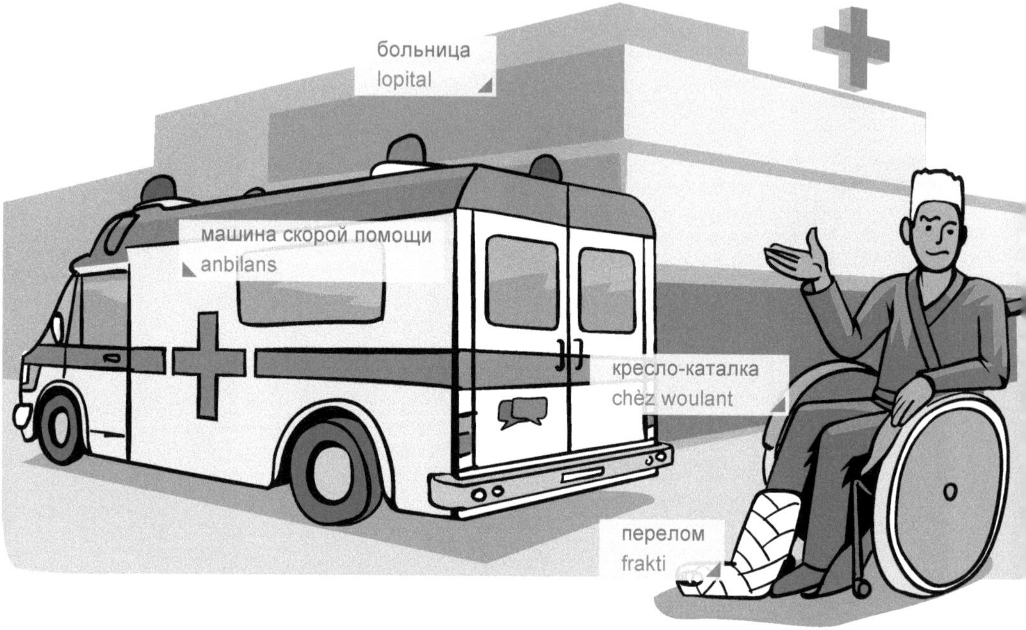

больница
lopital
машина скорой помощи
anbilans
кресло-каталка
chèz woulant
перелом
frakti

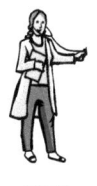

врач
doktè

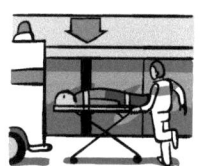

пункт первой помощи
sal ijans

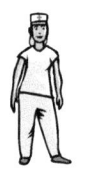

медсестра
enfimyè

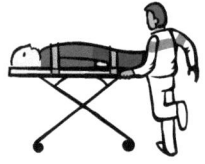

неотложный случай
ijans

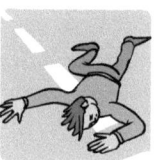

без сознания
san konesans

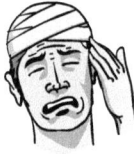

боль
doulè

повреждение

aksidan

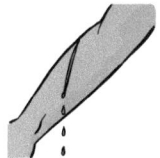

кровотечение

senyen

инфаркт

kriz kadyak

инсульт

estwòk

аллергия

alèji

кашель

tous

овышенная температура

lafyèv

грипп

grip

понос

dyare

головная боль

maltèt

рак

kansè

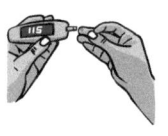

диабет

dyabèt

хирург

chirijyen

скальпель

bistouri

операция

operasyon

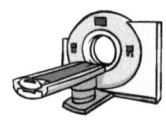

КТ

CT

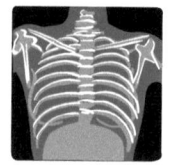

рентген

radyografi

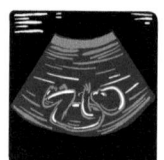

ультразвук

ekografi

маска

mask figi

болезнь

maladi

приёмная

sal datant

костыль

beki

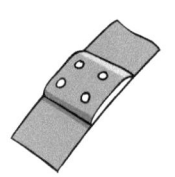

пластырь

plat

бинт

pansman

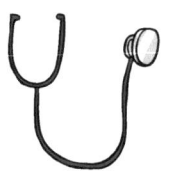

укол

enjeksyon

стетоскоп

stetoskop

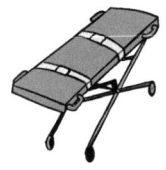

носилки

branka

термометр

tèmomèt klinik

рождение

nesans

избыточный вес

ki twò gwo

слуховой аппарат

aparèy pou ede tande

дезинфекционное средство

dezenfektan

инфекция

enfeksyon

вирус

viris

ВИЧ / СПИД

VIH / SIDA

лекарство

medikaman

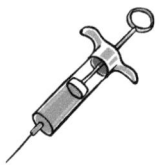

прививка

vaksinasyon

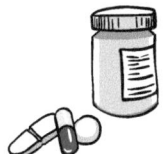

таблетки

konpime yo

противозачаточная таблетка

konprime

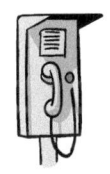

экстренный вызов

apèl ijans

прибор для измерения кровяного давления

kontwole san presyon

больной / здоровый

malad / an sante

Помогите!

Sekou!

сигнал тревоги

alam

нападение

atak

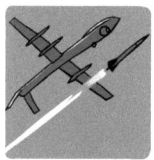

атака

atak

опасность

danje

запасной выход

sòti dijans

Пожар!

Dife!

огнетушитель

ekstenktè

несчастный случай

aksidan

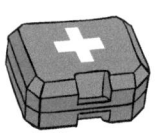

аптечка

kit premye swen

SOS

SOS

милиция

lapolis

Европа

Ewòp

Северная Америка

Amerik di Nò

Южная Америка

Amerik di sid

Африка

Lafrik

Азия

Lazi

Австралия

Ostrali

Атлантический океан

Oseyan Atlantik

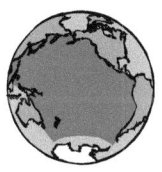

Тихий океан

Oseyan Pasifik

Индийский океан

Oseyan Endyen

Антарктический океан

Oseyan Antatik

Северный Ледовитый океан

Oseyan aktik

Северный полюс

Pol Nò

Южный полюс

Pol Sid

Антарктика

Antatik

земля

latè

суша

peyi

море

lanmè

остров

zile

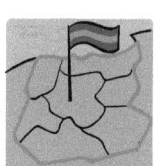

нация

nasyon

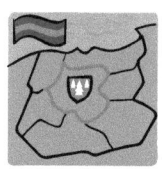

государство

eta

циферблат

kadran

часовая стрелка

egwi èdtan

минутная стрелка

egwi minit

секундная стрелка

egwi segond

Который час?

Kilè li ye ?

день

jou

время

tan

сейчас

kounye a

электронные часы

mont dijital

минута

minit

час

lè

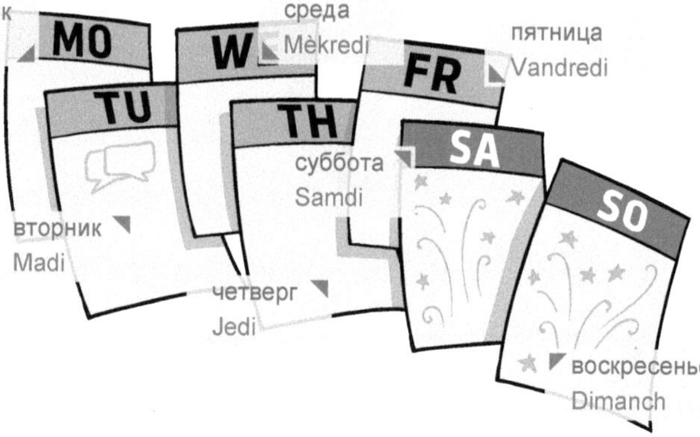

понедельник
Lendi
MO
среда
Mèkredi
W
пятница
Vandredi
FR
TU
TH
вторник
Madi
суббота
Samdi
SA
четверг
Jedi
SO
воскресенье
Dimanch

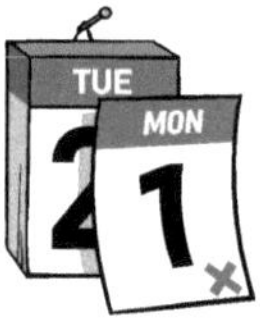

TUE
MON
1

вчера

yè

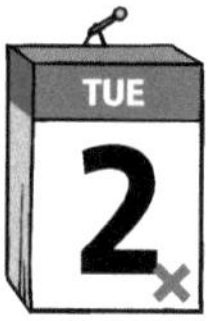

TUE
2

сегодня

jodi

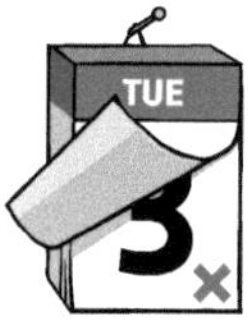

TUE
3

завтра

demen

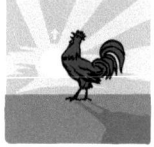

утро

maten

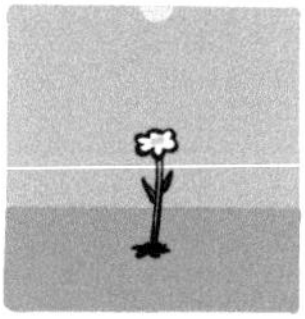

полдень

midi

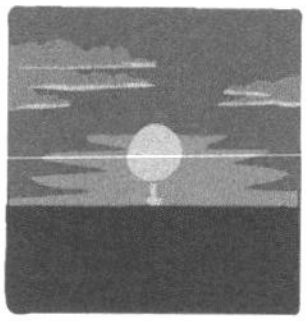

вечер

aswè a

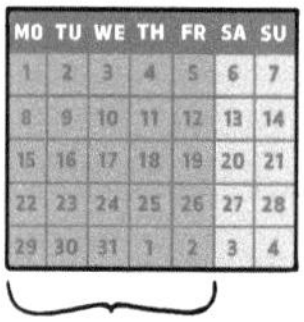

MO TU WE TH FR SA SU
1 2 3 4 5 6 7
8 9 10 11 12 13 14
15 16 17 18 19 20 21
22 23 24 25 26 27 28
29 30 31 1 2 3 4

рабочие дни

jou travay yo

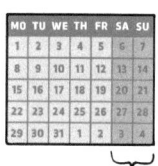

MO TU WE TH FR SA SU
1 2 3 4 5 6 7
8 9 10 11 12 13 14
15 16 17 18 19 20 21
22 23 24 25 26 27 28
29 30 31 1 2 3 4

выходные

wikenn

год

ane

дождь
lapli
радуга
lakansyèl
снег
nèj
ветер
van
весна
prentan
осень
otòn
лето
ete
зима
sezon ivè

4.APRIL 11°
5.APRIL 4°
6.APRIL 13°
7.APRIL 8°
8.APRIL 10°

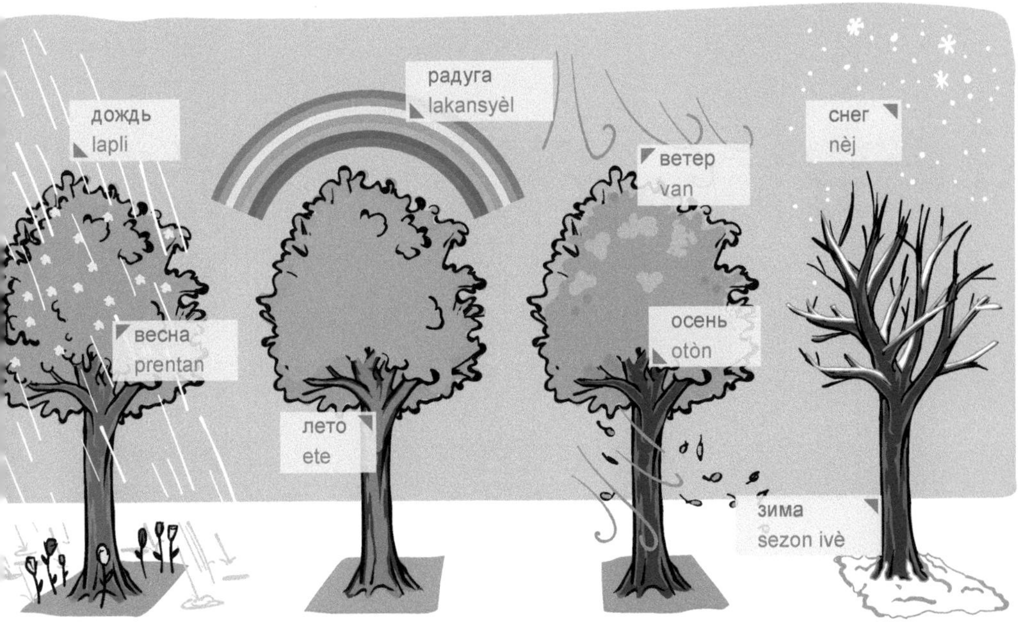

прогноз погоды

move tan

F
C
120
90
60
30
0
-30
40
30
20
10
0
-10
-20

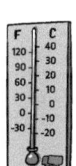

термометр

tèmomèt

солнечный свет

limyè solèy la

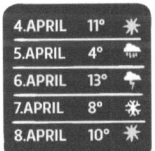

туча

nyaj

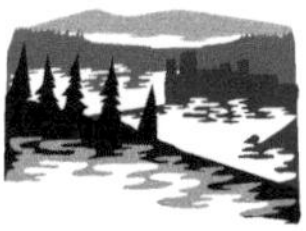

туман

bwouya

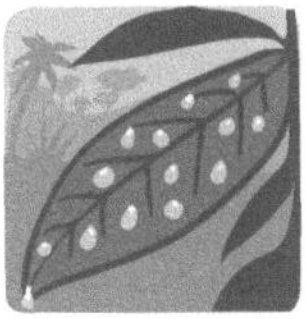

влажность воздуха

imidite

молния

zeklè

гром

loraj

буря

tanpèt

град

lagrèl

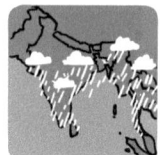

муссон

mouson

наводнение

inondasyon

лёд

glas

январь

Janvye

февраль

Fevriye

март

Mas

апрель

Avril

май

Me

июнь

Jen

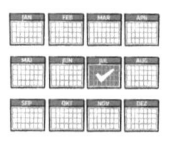

июль

Jiyè

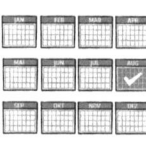

август

Daout

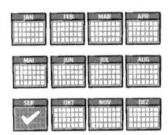

сентябрь

Septanm

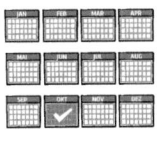

октябрь

Oktòb

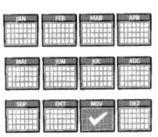

ноябрь

Novanm

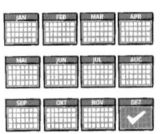

декабрь

Desanm

формы
fòm yo

круг

sèk

квадрат

kare

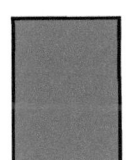

прямоугольник

rektang

треугольник

triyang

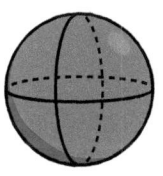

шар

esfè

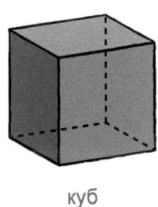

куб

kib

белый

blan

желтый

jòn

оранжевый

oranj

розовый

woz

красный

wouj

лиловый

vyolè

синий

ble

зелёный

vèt

коричневый

mawon

серый

gri

черный

nwa

много / мало

anpil / on ti kras

яростный / мирный

fache / kalm

красивый / уродливый

bèl / lèd

начало / конец

kòmansman / lafen

большой / маленький

gwo / piti

светлый / темный

klè / fonse

брат / сестра

frè / sè

чистый / грязный

pwòp / sal

полный / неполный

konplè / enkonplè

день / ночь

lajounen / lanwit

мёртвый / живой

mouri / vivan

широкий / узкий

laj / etwat

съедобный / несъедобный

yo ka manje / yo paka manje

злой / дружелюбный

mechan / jantiy

взволнованный / скучающий

kè kontan / raz

толстый / худой

gra / mèg

сначала / в конце

premye / dènye

друг / враг

zanmi / lènmi

полный / пустой

plen / vid

твёрдый / мягкий

di / mou

тяжёлый / легкий

lou / lejè

голод / жажда

grangou / swaf

больной / здоровый

malad / an sante

незаконный / законный

ilegal / legal

умный / глупый

entèlijan / estipid

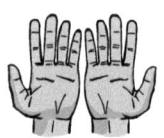

слева / справа

gòch / dwat

близко / далеко

tou pre / lwen

новый / подержанный

tou nèf / sèvi deja

ничто / нечто

anyen / kèkchoz

старый / молодой

vye / jenn

включено / выключено

limen / etèn

открыто / закрыто

louvri / fèmen

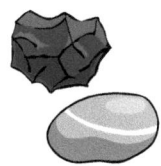

тихо / громко

silans / fè bri

богатый / бедный

rich / pòv

правильный / неправильный

kòrèk / enkòrèk

шероховатый / гладкий

ki graj / ki lis

печальный / счастливый

tris / kontan

короткий / длинный

kout / long

медленный / быстрый

ralanti / vit

мокрый / сухой

mouye / sèk

тёплый / прохладный

cho / frèt

война / мир

lagè / lapè

цифры

chif yo

0

ноль

zewo

1

один

youn

2

два

de

3

три

twa

4

четыре

kat

5

пять

senk

6

шесть

sis

7

семь

sèt

8

восемь

uit

9

девять

nèf

10

десять

dis

11

одиннадцать

onz

12

двенадцать

douz

13

тринадцать

trèz

14

четырнадцать

katòz

15

пятнадцать

kenz

16

шестнадцать

sèz

17

семнадцать

disèt

18

восемнадцать

dizwit

19

девятнадцать

diznèf

20

двадцать

ven

100

сто

san

1.000

тысяча

mil

1.000.000

миллион

milyon

цифры - chif yo

английский

Anglè

американский английский

Anglè Ameriken

мандаринский китайский

Chinwa Mandaren

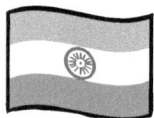

хинди

Hindi

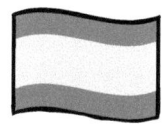

испанский

Panyòl

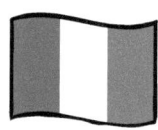

французский

Franse

арабский

Arab

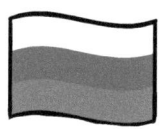

русский

Ris

португальский

Pòtigè

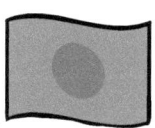

бенгальский

Bengali

немецкий

Alman

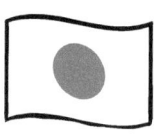

японский

Japonè

я

Mwen

ты

ou

он / она / оно

li

мы

nou

вы

nou/ ou

они

yo

кто?

kiyès?

что?

kisa?

как?

kijan?

где?

kibò?

когда?

kilè?

имя

non

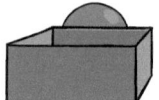

за

dèyè

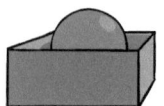

в

nan

перед

devan

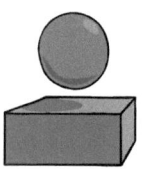

над

sou tèt

на

sou

под

anba

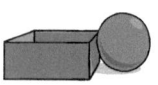

рядом

bò kote

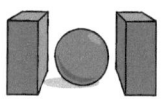

между

nan mitan

место

kote